KB247449

오케스트라 반주가 있는

해설 플루트 곡집 2

머리말 |

이 책은 플루트를 더욱 재밌고 효과적으로 연습할 수 있도록 **반주(MR)음원**을 제작하였고,
듣고 따라서 연주할 수 있도록 플루트를 실제 연주한 **모범연주음원**도 함께 제작하였습니다.

1권에서 기본적인 내용을 중점적으로 다루었다면, 2권은 조금 더 체계적이고 테크닉을 강조하여
다양한 플루트 연주를 즐길 수 있도록 하였습니다.

많은 사람들이 좋아하는 곡을 엄선하여 다양한 레퍼토리를 플루트로 연주하기 쉽도록 편곡하였고
연주회나 결혼식 축주에 사용할 수 있도록 **캐롤·O.S.T·CCM**이 수록되어 있습니다.

해설은 작가가 한국과 외국의 다수 마스터 클래스를 통해 배운 내용을 토대로 플루트 주요 주법과
연습방법 등을 기재한 것으로 혼자 공부하거나 취미로 배우는, 그리고 플루트를 사랑하는 이들에게
많은 도움이 되기를 바랍니다.

오케스트라 반주가 있는

해설 플루트곡집 2

– 파트보 –

차례 | Contents

반주(MR)　　모범 연주

I Dreamt I Dwelt In Marble Halls

오페라 'The Bohemian Girl' 중

Balfe

M. M. ♩=82
Moderato Grazioso

Butterfly Waltz

Brian Crain

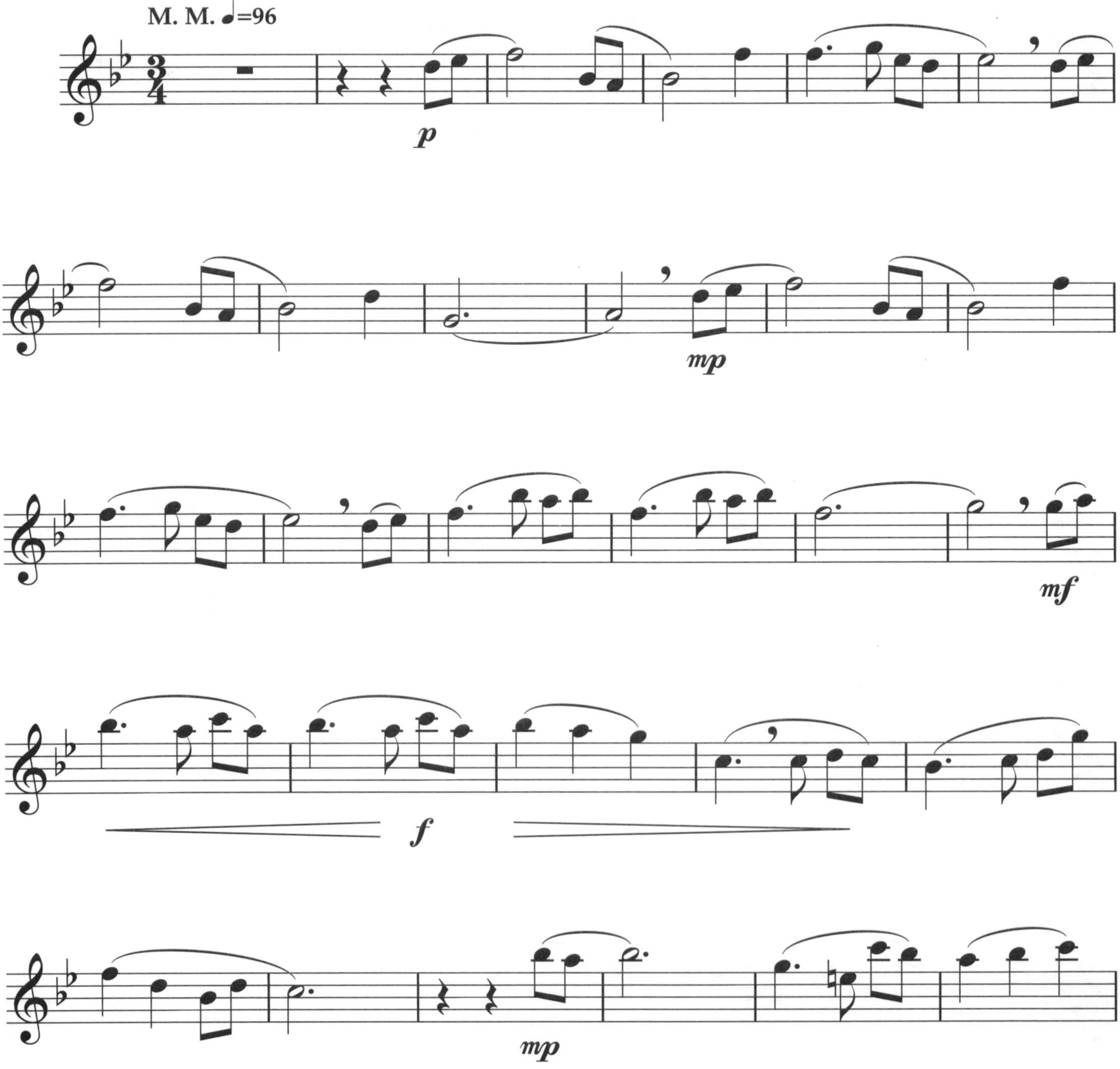

Fly Me To The Moon

Bart Howard

반주(MR)　모범 연주

When You Wish Upon A Star

월트 디즈니 '피노키오' O.S.T 중

Harline Leigh

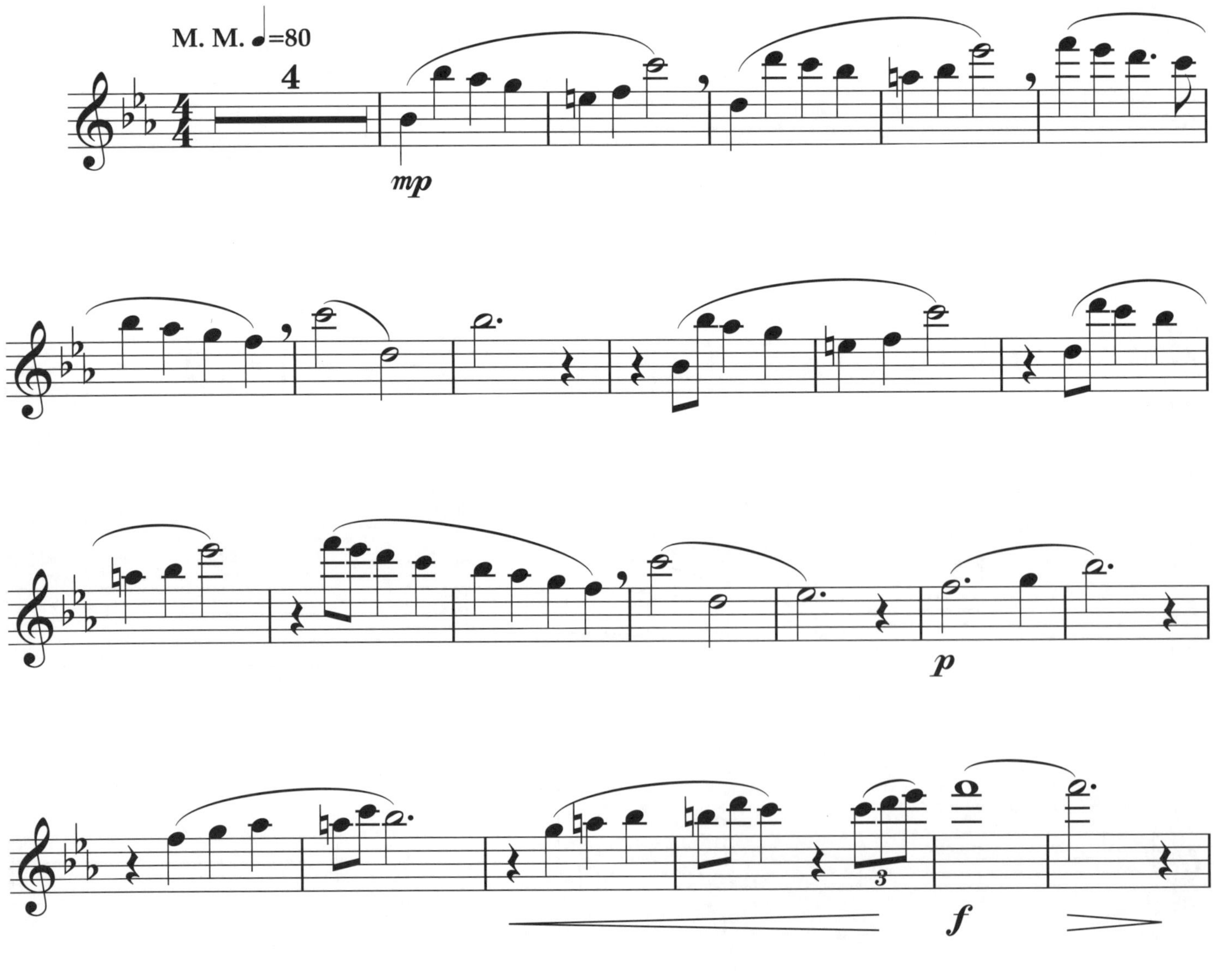

반주(MR)

모범 연주

All Of Me

Antonio Hardy

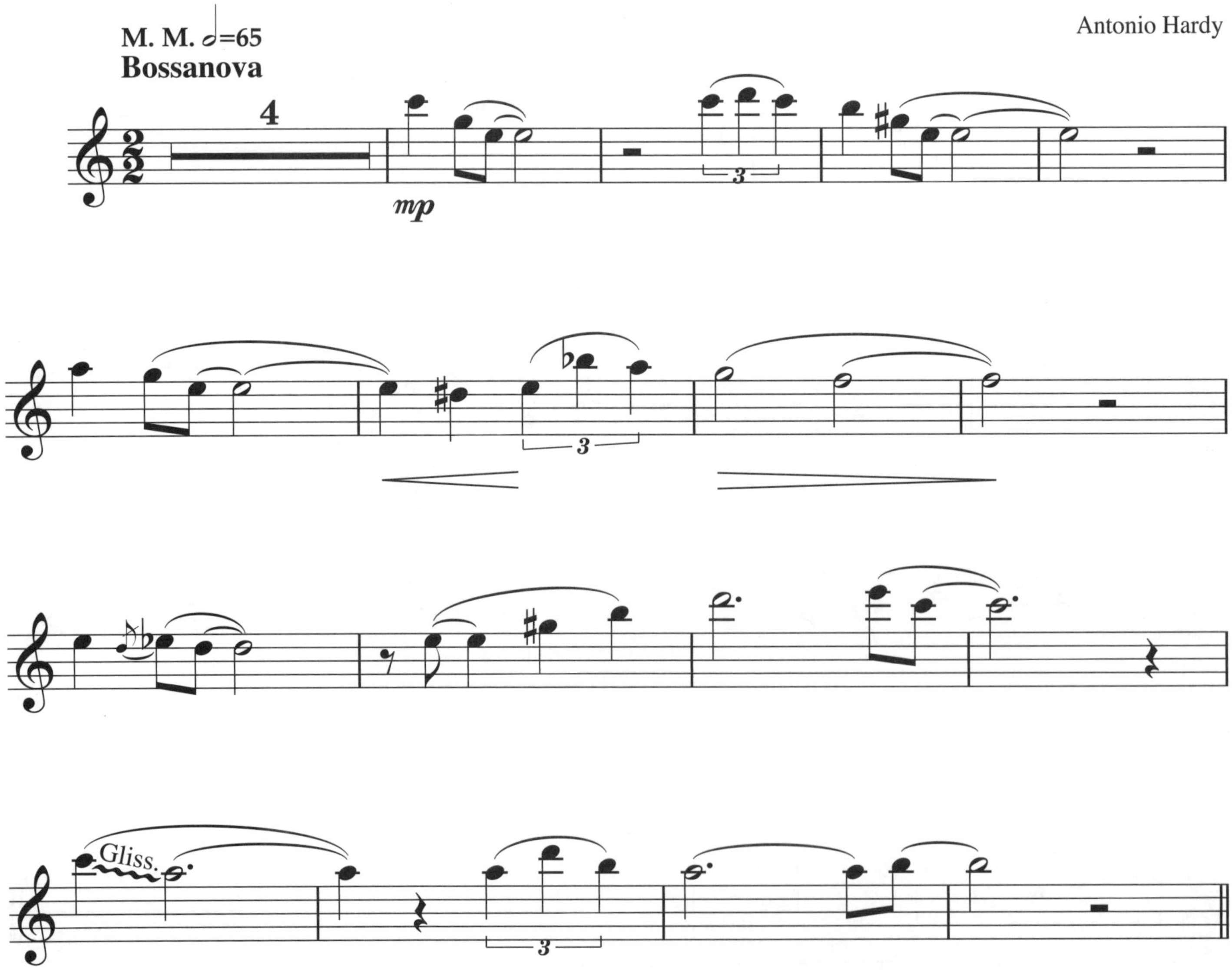

M. M. ♩=65
Bossanova

mp

Jingle Bell Rock

James Ross

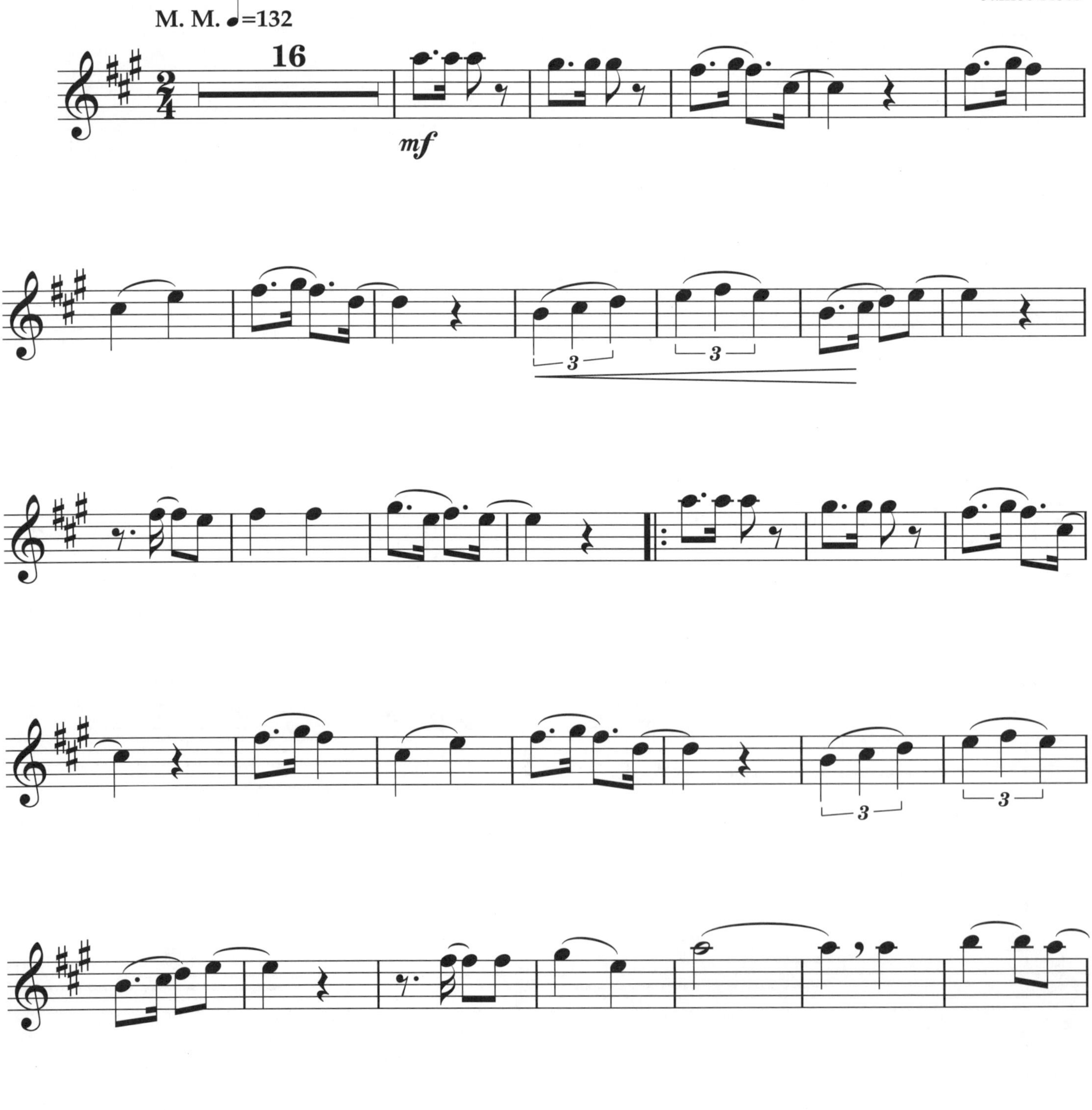

M. M. ♩=132

반주(MR)　　모범 연주

Think Of Me

'오페라의 유령' O.S.T 중

A. L. Webber

M. M. ♩=100

반주(MR)　모범 연주

Memory

뮤지컬 '캣츠' O.S.T 중

A. L. Webber

f   D.S. al Coda

천년이 두 번 지나도

조효성 작사
전종혁 작곡

반주(MR) 모범 연주

Kazabue

Michiru Oshima

M. M. ♩=74

mf legato

decresc.

cresc.

f

A Love Until The End Of Time

L. Holdridge

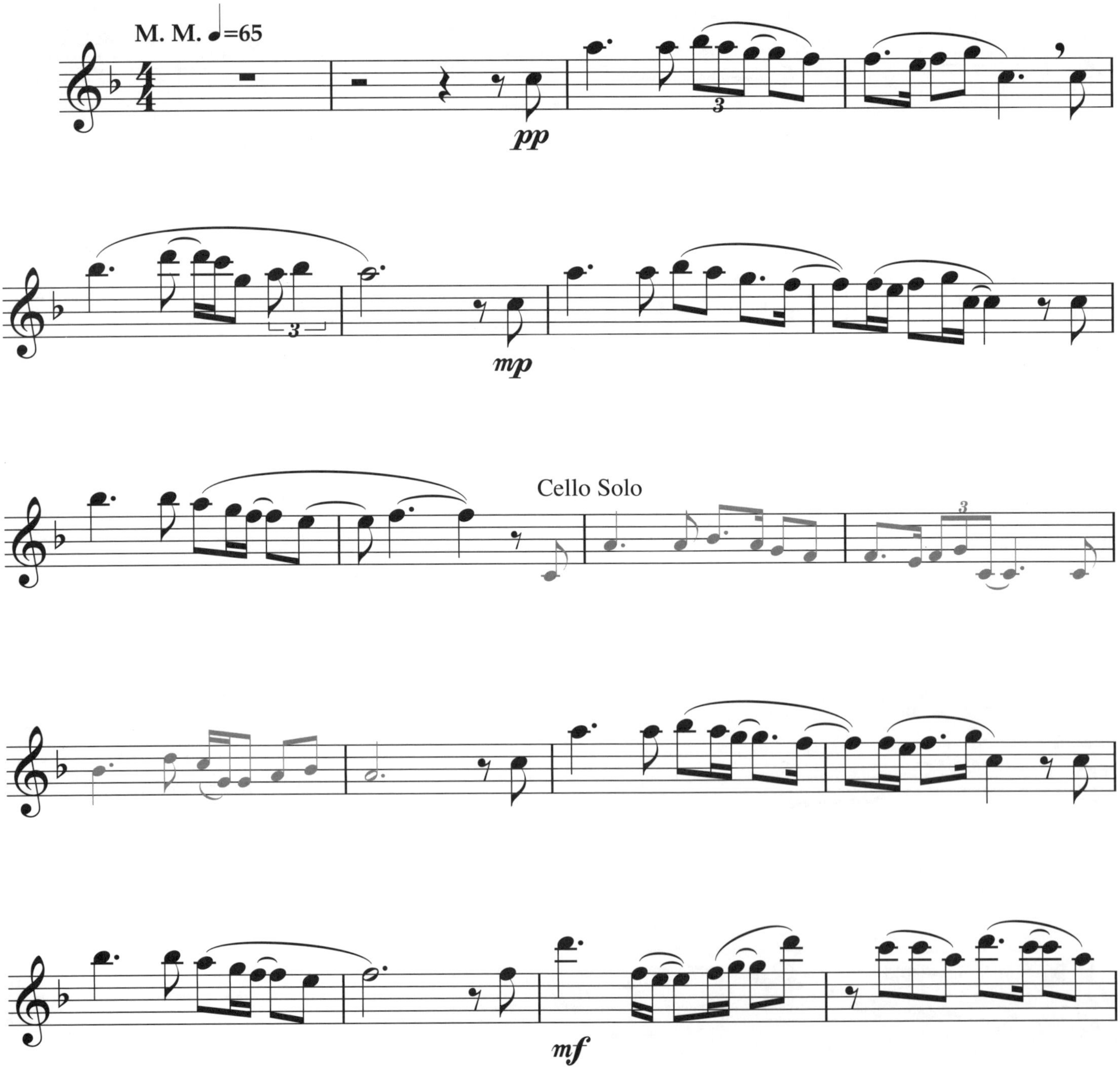

반주(MR)　　모범 연주

Paris, Paris

몽라 작곡

M. M. ♩=135

차례 | Contents

I Dreamt I Dwelt In Marble Halls

오페라 'The Bohemian Girl' 중

M. M. ♩=82
Moderato Grazioso

Balfe

cantabile
노래하듯이

mp

legato
자신이 성악가라는 생각을 가지고
우아하게 연주를 시작하세요.

연주시작 전에 하품할 때 처럼
목구멍을 크게열어 입안을 '어~'한 상태로 울려주세요
열린 소리를 내는데 도움이 됩니다.

mf

한숨에 가는것이 가장 좋지만 이곳에서 숨을 쉴 경우
숨쉬는 시간을 줄여서 짧게 쉬어주세요.

연주 Point
너무 경쾌한 리듬이 되지 않도록 '파' 에 테누토(tenuto)

빠르게 숨을 들이마셔서
끊어지는 느낌이 없도록

이음줄(slur) 하나에 6개의 음이
균형있게 들어가도록 하세요.

같은 음의 음정이 다르지 않게

a tempo

rit.

mp

4

약간 기다리다가 곧 떠나는 느낌으로

한음 한음 비브라토를 넣어서 계단을 올라가듯이

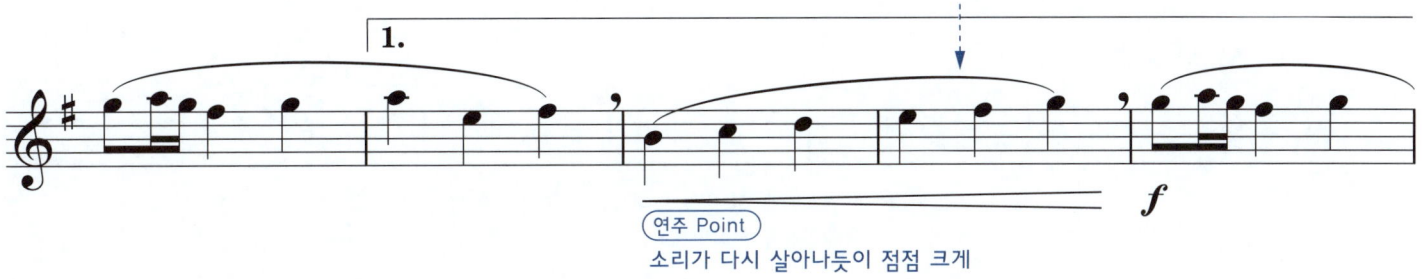

연주 Point
소리가 다시 살아나듯이 점점 크게

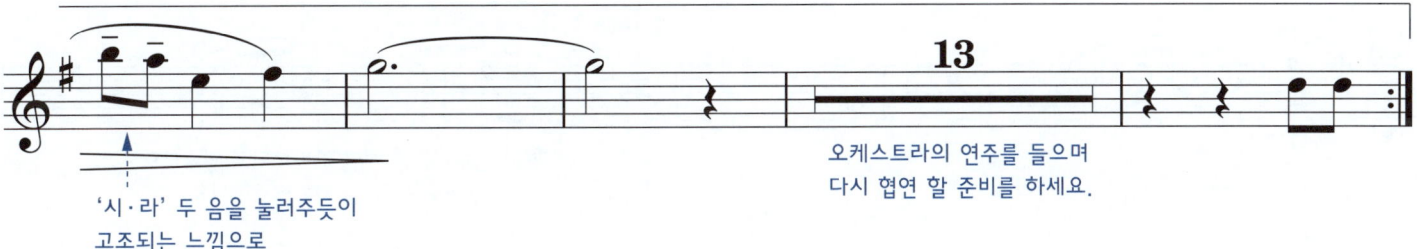

'시·라' 두 음을 눌러주듯이
고조되는 느낌으로

오케스트라의 연주를 들으며
다시 협연 할 준비를 하세요.

소리를 여리게 내더라도
건강하고 풍부하게 표현하세요.

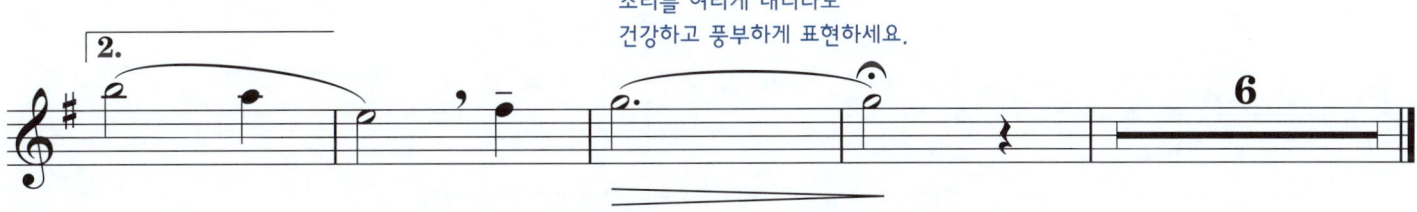

연주 Point

1. 12번 곡과 같은 부점 리듬이라도 잔잔한 분위기의 곡이기 때문에 경쾌하게 연주하지 않습니다. 두번째 음에 테누토 (tenuto)를 해서 안정된 리듬으로 진행합니다.

2. ⟋ 크레셴도(*cresc.*)와 ⟍ 데크레셴도(*decresc.*)의 대비를 잘 살려서 곡이 지루해지지 않도록 합니다.

Butterfly Waltz

Brian Crain

p 자연스럽게 첫 음을 노래하면서 무겁지 않게
프레이징을 시작하세요.

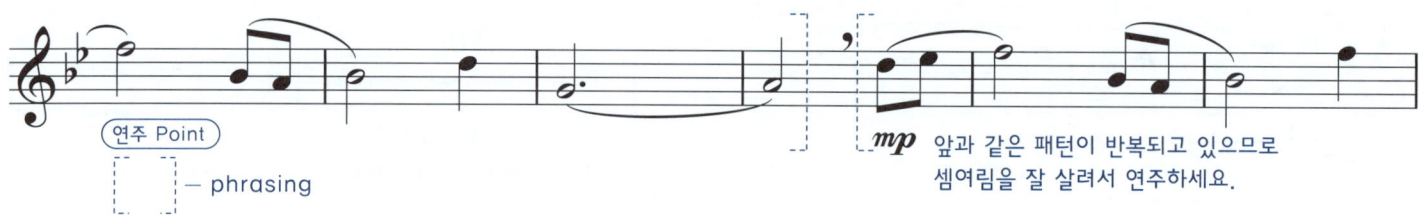

연주 Point

⌐ ⌐ — phrasing

mp 앞과 같은 패턴이 반복되고 있으므로
셈여림을 잘 살려서 연주하세요.

처음부터 숨을 많이 쓰면 끝음의 음정이 떨어지기 때문에
숨의 배분을 고르게 하세요.

빠른 숨

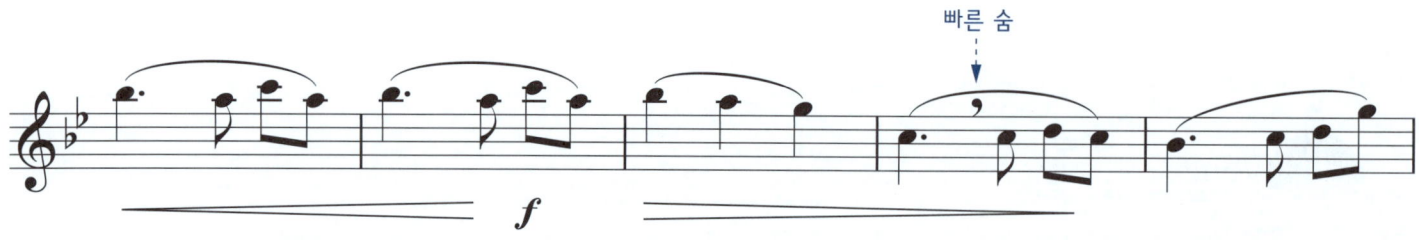

임시표 주의

크고 깊은숨을 들이마셔서 고음에 충분한 바람을 주도록 합니다.
배를 단단히 받치면서 아름다운 비브라토를 내세요.

Du(두-)텅잉

a tempo

여유를 가지고 rit.(리타르단도) rit.

새가 노래하듯이
작고 가벼운 느낌으로

음정이 낮아지지 않도록 끝까지 배를 받치세요.

테누토를 하여 안정된 느낌으로 마무리

연주 *Point*

곡의 분위기에 따라 강한 텅잉과 부드러운 텅잉이 조화를 이루어야 합니다. 이어지는 느낌으로 프레이징
안에서는 강한 Tu(투-)보다는 약한 텅잉을 하거나 Du(두-)에 가까운 텅잉을 합니다.

Fly Me To The Moon

Bart Howard

M. M. ♩=135
Bossanova

mf
셋잇단음표가 되지 않도록
박자주의 ＼∧／ 깨끗한 텅잉으로 연주하세요.

흥얼거리는 기분으로

너무 쉬는 느낌이 들지 않도록

마디가 넘어가더라도 붙임줄로
이어져 있기 때문에 텅잉하지 마세요.

연주 Point
싱코페이션
(syncopation)

충분한 쉼표로
분위기를 전환해 주세요.

mf 현악기가 활을 바꾸듯 음과 음사이의 간격을
느끼면서 산뜻하게 표현하세요.

연습할 때 붙임줄 빼고

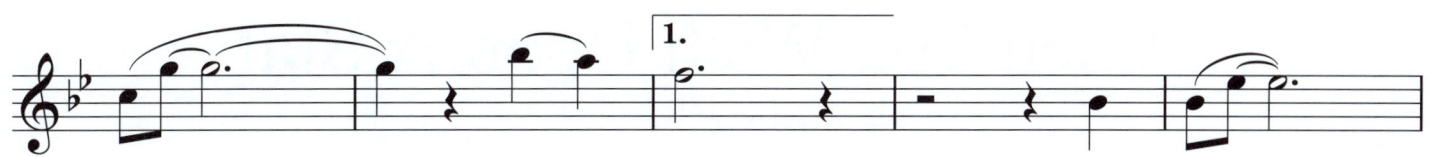

바이올린의 피치카토로 산뜻하게
연주된 멜로디를 들어보세요.

늦게 나오지 않도록

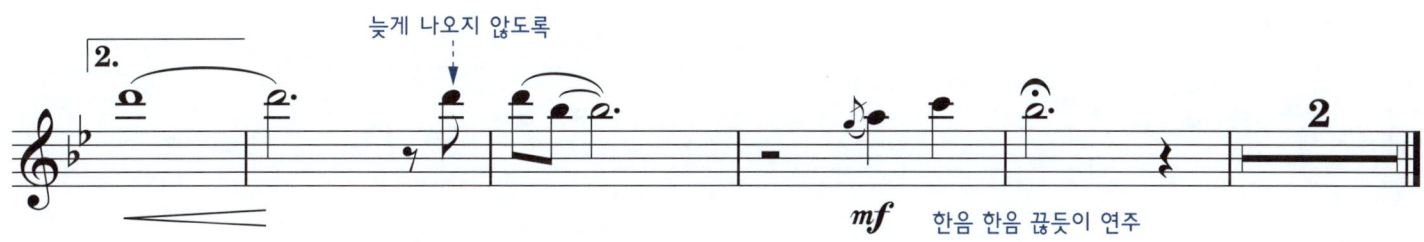

mf 한음 한음 끊듯이 연주

연주 *Point*

싱코페이션(syncopation)은 당김음이라고도 하며 기호나 악센트, 음표의 길이, 붙임줄 등에 의해 센박과 여린박의 위치가 서로 바뀌는 것입니다.
싱코페이션은 리듬에 변화를 주어 음악을 더욱 매력 있게 만들어주는 역할을 합니다.

싱코페이션은 크게 3가지의 경우로 나뉘게 됩니다.

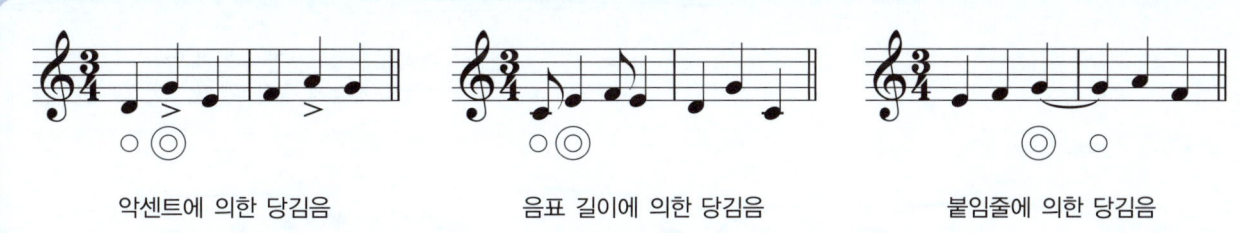

악센트에 의한 당김음   음표 길이에 의한 당김음   붙임줄에 의한 당김음

반주(MR)   모범 연주

When You Wish Upon A Star

월트 디즈니 '피노키오' O.S.T 중

Harline Leigh

M. M. ♩=80

금방이라도 만화 주인공들이 나올것 같은
환상적인 느낌으로 연주하세요.

숨을 쉴 때도 배에 긴장을
풀지 않도록

바람빠지는 소리가 나지 않도록
끈기있게 연결하세요.

조금 더 생기있는 느낌으로

내려오는 음들을 흐르듯이 음미하면서

뒤에 있는 포르테(f)를
위해 여리게 시작합니다.

소리를 지르는듯한 느낌이 아닌
머리와 배에서 울리는듯한 느낌으로 고음을 내 주세요.

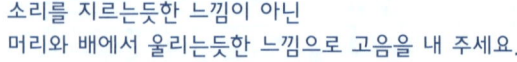

입술, 어깨에 힘 빼기

10

연주 Point
높아지기 쉬운 음정입니다.
배를 받치세요.

비브라토를 많이 사용하여
큰 폭풍우가 지나가듯이 표현하세요.

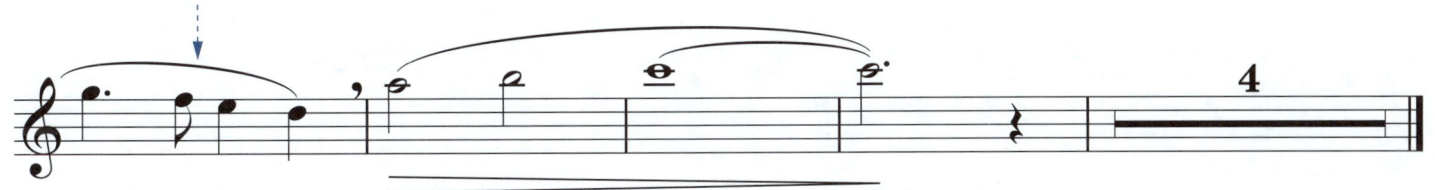

이전과는 다른 음색으로

모든 움직임이 멈춘것처럼 정적인 느낌으로 연주하세요.

무조건 길게 끌기보다는
원래의 길이에서 얼마만큼 사라지듯이 하는가가 중요합니다.

연주 Point

　　롱톤(Long Tone)은 하나의 소리를 길게 연주하는 것입니다. 아름다운 음색을 가지고 있는 플루트뿐만 아니라 모든 관악기에서 가장 중요한 기초 연습입니다.

　　① 바른 음정(Pitch)으로 연주합니다.
　　② 지정된 박자를 정확히 지킵니다.
　　③ 초보 단계에서는 비브라토를 넣지 않고 연습합니다.
　　④ 좋은 소리가 나면 입술모양과 마우스피스의 위치를 거울로 확인하며 연습합니다.

※ 롱톤의 연습 방법
숨을 복식호흡을 이용하여 최대한 들이마십니다. 음은 텅잉을 하고 정해진 박자만큼 숨을 끝까지 고르게 유지하며 내쉽니다.

※ 롱톤 연습을 할 때도 배를 단단히 받치고 입술에 힘을 빼고
　 정확하게 맑은 소리를 내며 연습하도록 합니다.

All Of Me

Antonio Hardy

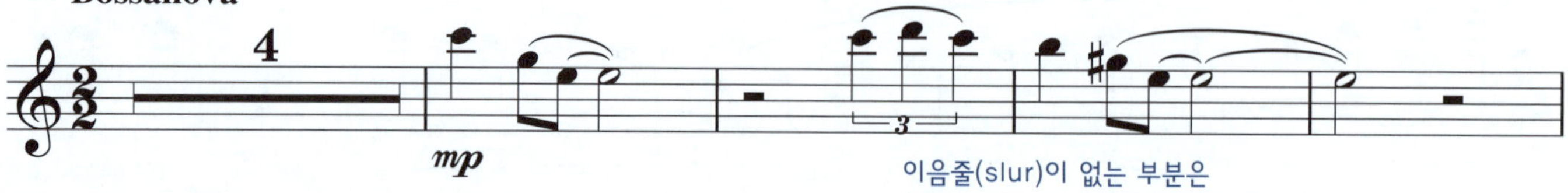

M. M. ♩=65
Bossanova

이음줄(slur)이 없는 부분은
최대한 끊어주듯이 연주하세요.

곡이 무거워지지 않도록
♩=130 에서 ♩=65 으로 연주하세요.

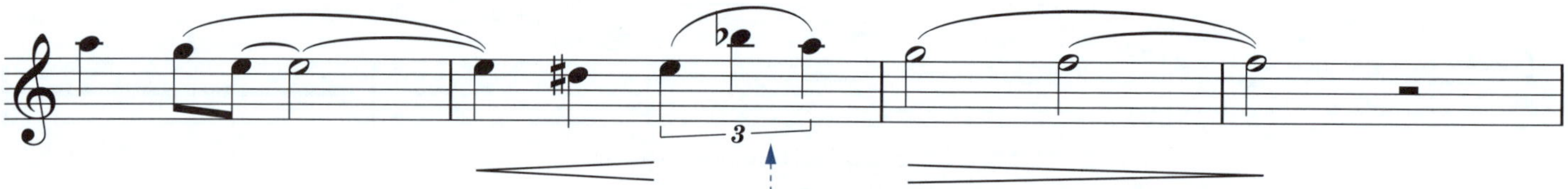

셋잇단음표 리듬을 생각보다
과장하듯이 연주하세요.

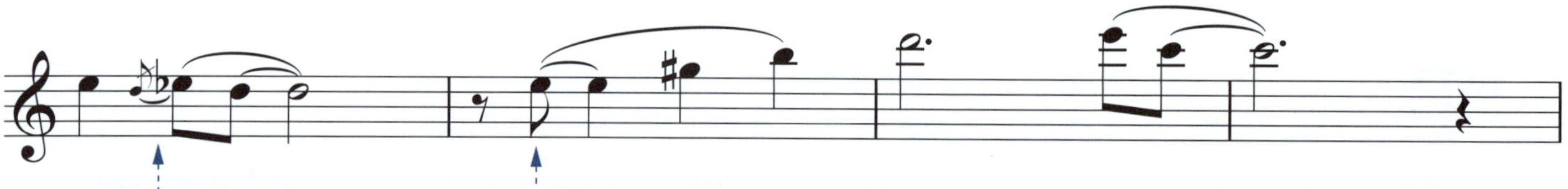

꾸밈음으로 인해 리듬이
흔들리지 않도록 꾸밈음을 빼고 연습하세요.

늦게 나오지 않도록

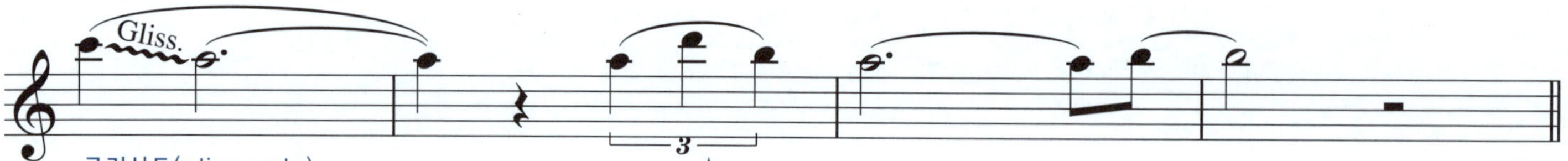

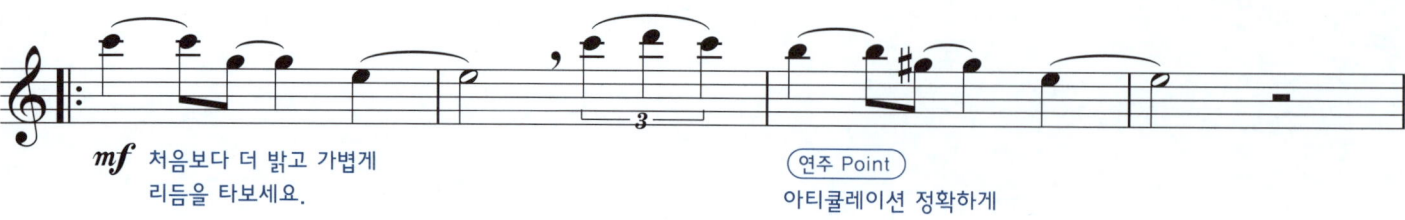

글리산도(glissando)
'도·시·시♭' 차례로

여유를 가지고 2박안을 꽉 채우듯이

mf 처음보다 더 밝고 가볍게
리듬을 타보세요.

연주 Point
아티큘레이션 정확하게

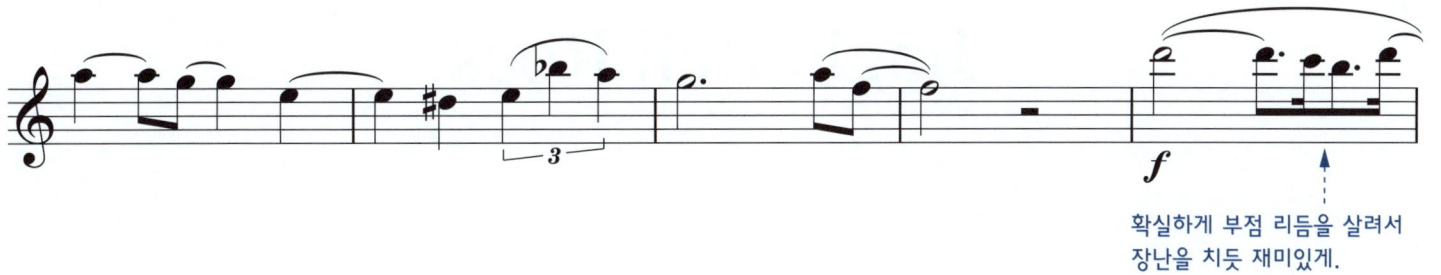

확실하게 부점 리듬을 살려서
장난을 치듯 재미있게.

플루트에 미-메커니즘(E-Mechanism)이 달려있지 않더라도
3옥타브 '미'음을 낼 때 배를 더 받쳐주면 좋은 소리가 납니다.

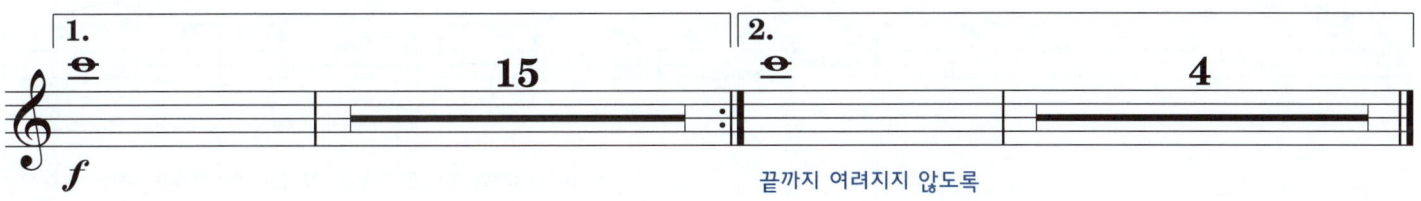

끝까지 여려지지 않도록

연주 Point

아티큘레이션(Articulation)이란, 각 음표를 음악적으로 표현하기 위한 여러 방법의 텅잉을 말합니다.
자유롭고 다양한 표현을 위해 가장 기본적인 네가지 아티큘레이션을 배워봅시다.

① **논 레가토(non legato)** - 가장 기본적인 텅잉으로 각 음사이의 구분을 둡니다.

투투투투 투 - - 투투투 - 투 - 투 -

② **레가토(legato)** - 첫 음만 텅잉을 하고, 호흡을 끝까지 유지하며 연주합니다.

투 - - - - 투 - - 투 -

③ **테누토(tenuto)** - 각 음을 충분한 길이로 늘여 연주하면서 음마다 약한 텅잉을 해줍니다. 음표의 머리 위나 아래에 짧은 선으로 표시합니다.

투두두 두두 - - 투두두 - 두 - 두 -

④ **스타카토(staccato)** - 각 음표 길이의 절반정도로 짧게주며, 음표의 머리 위나 아래에 점으로 표시됩니다.

툿툿 툿 툿툿 - - 툿툿 툿 - 툿 - 툿 -

Jingle Bell Rock

James Ross

M. M. ♩=132

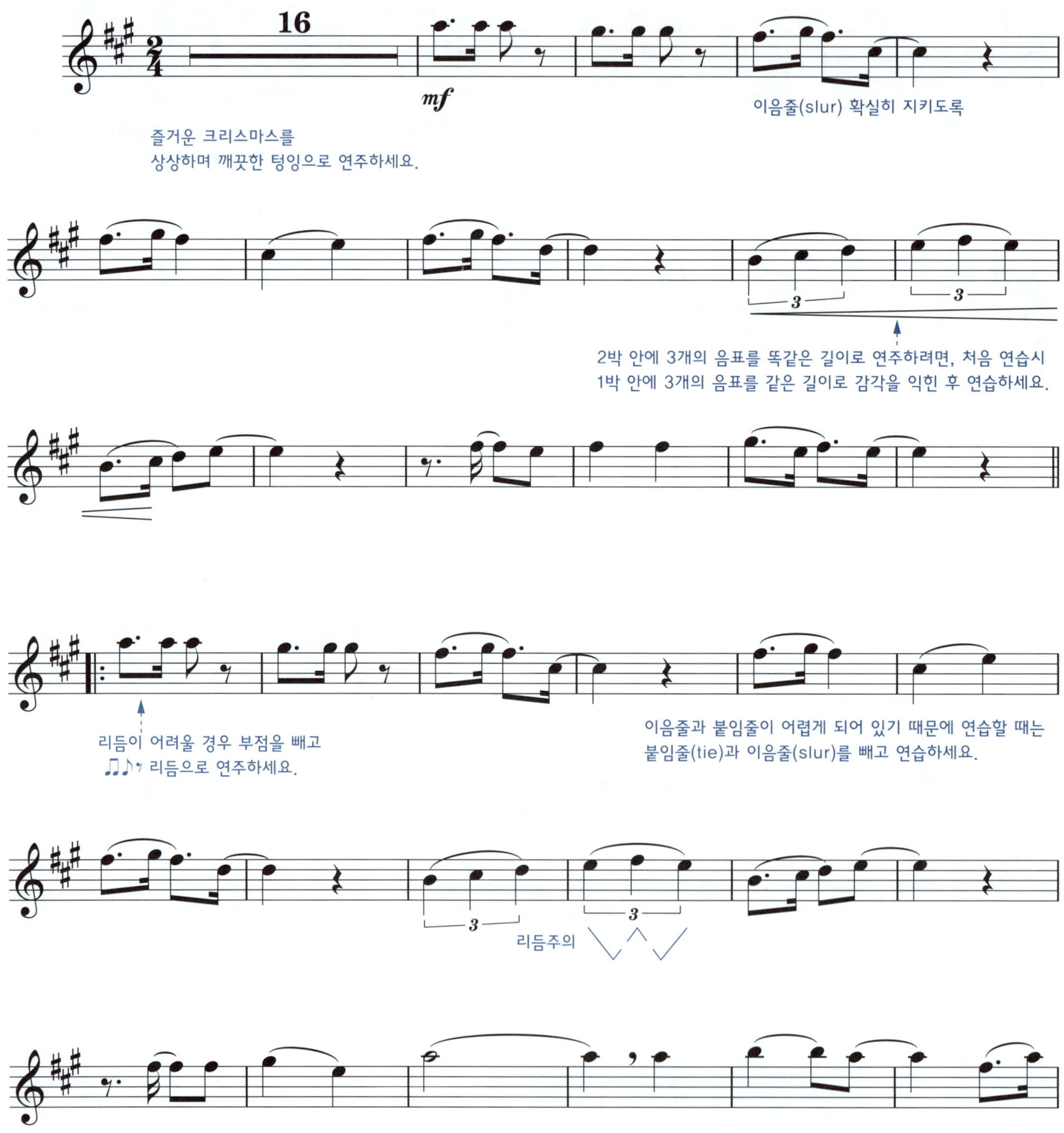

mf

즐거운 크리스마스를
상상하며 깨끗한 텅잉으로 연주하세요.

이음줄(slur) 확실히 지키도록

2박 안에 3개의 음표를 똑같은 길이로 연주하려면, 처음 연습시
1박 안에 3개의 음표를 같은 길이로 감각을 익힌 후 연습하세요.

리듬이 어려울 경우 부점을 빼고
♫♪♪ 리듬으로 연주하세요.

이음줄과 붙임줄이 어렵게 되어 있기 때문에 연습할 때는
붙임줄(tie)과 이음줄(slur)를 빼고 연습하세요.

리듬주의

음과 음 사이를 약간씩 끊어주세요.

플루트에서 부점 ♩♪ 의 빠른 텅잉은 굉장히 어렵습니다.
처음부터 빠른 속도로 연주하기 보다는 느린 템포로 조금씩 속도를 올리는 연습을 하도록 하세요.

크레센도를 해 준 후
밝고 경쾌하게 스타카토로 마무리 하세요.

빠른 비브라토를 사용하여
앞으로 나아가듯 진행

Think Of Me

'오페라의 유령' O.S.T 중

A. L. Webber

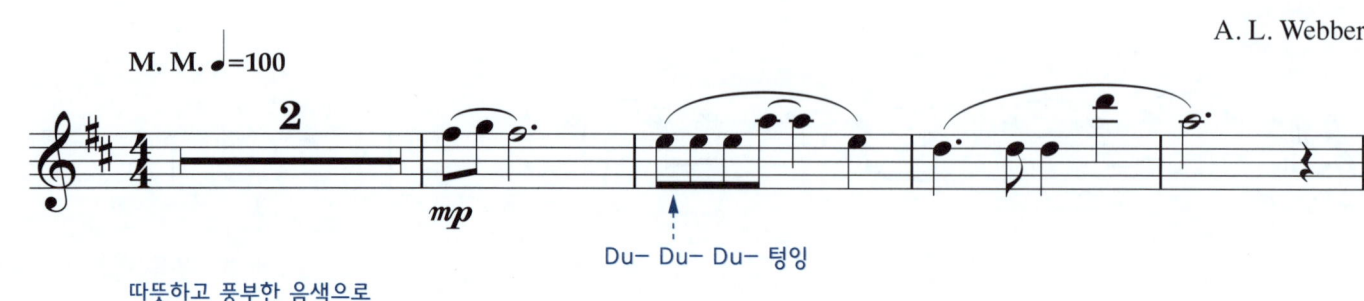

따뜻하고 풍부한 음색으로
노래하듯이 연주하세요.

Du- Du- Du- 텅잉

섬세하고 견고한 퍼즐을
맞춘다는 생각으로 연주하세요.

임시표로 사용된 운지법으로

숨 쉴때 음악이
끊어지지 않도록

내려오는 음들은 끈기있게 한 음씩 끌어당기는 기분으로

박자 바뀜

섬세한 비브라토로 표현

다시 박자 바뀜.

전조되면서 감정이 더욱 고조됩니다.
부드럽게 흐르듯이 연주를 이어가세요.

노래하듯이 비브라토로
마디 안을 채우세요.

박자 바뀜 ♩.=77

앞에 음과 비교해 봤을 때
얇고 차가운 소리가 나지 않도록

레♭ = 도♯
플루트에서 이 음은 조금 불안정한 톤 입니다.
꾸준한 롱톤 연습으로 정확한 음정을 잡도록 하세요

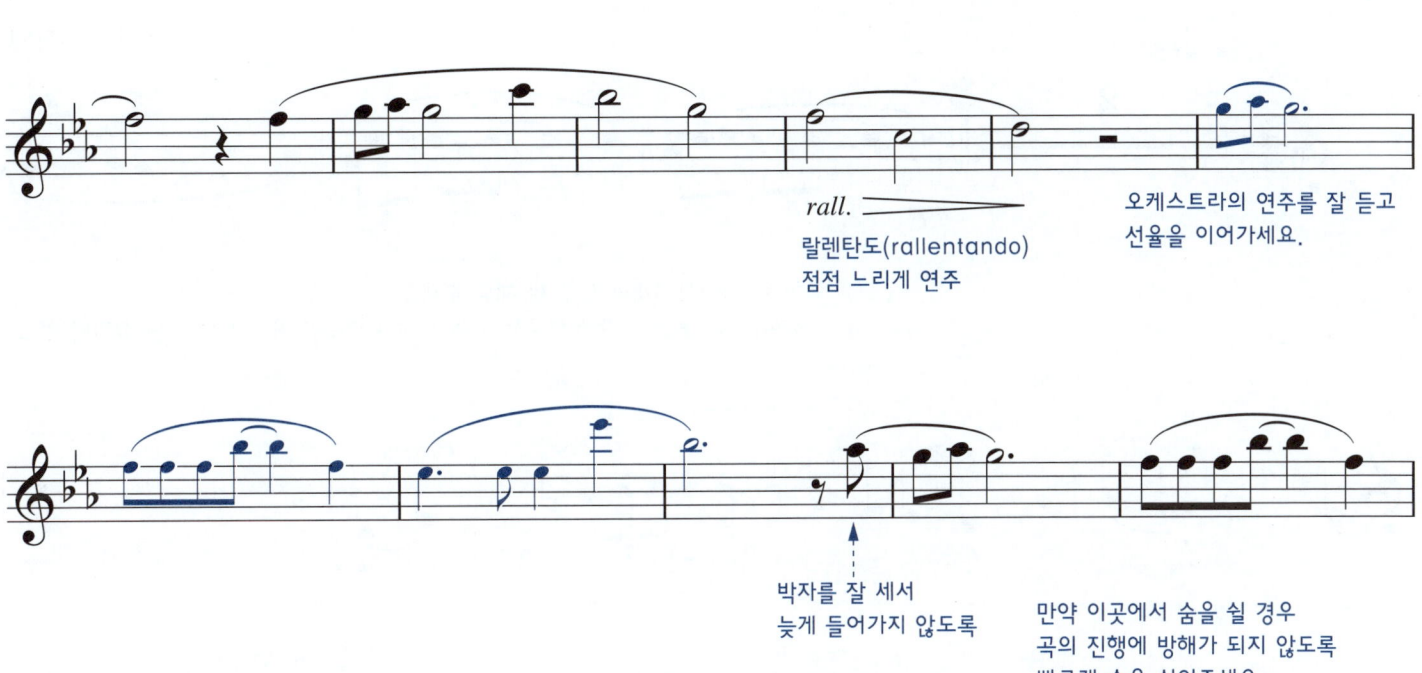

rall.
랄렌탄도(rallentando)
점점 느리게 연주

오케스트라의 연주를 잘 듣고
선율을 이어가세요.

박자를 잘 세서
늦게 들어가지 않도록

만약 이곳에서 숨을 쉴 경우
곡의 진행에 방해가 되지 않도록
빠르게 숨을 쉬어주세요.

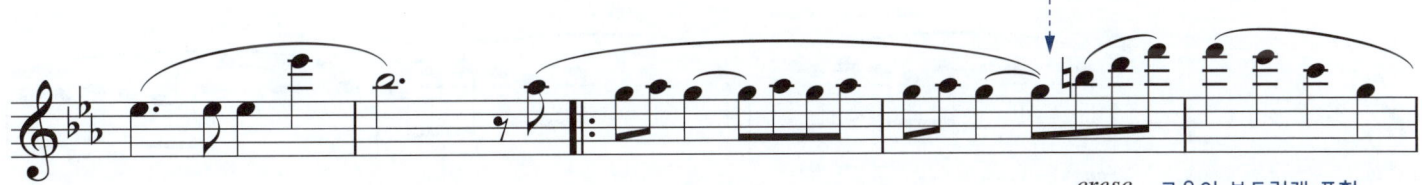

cresc. 고음이 부드럽게 표현
될 수 있도록 목을 열어서
연주하세요.

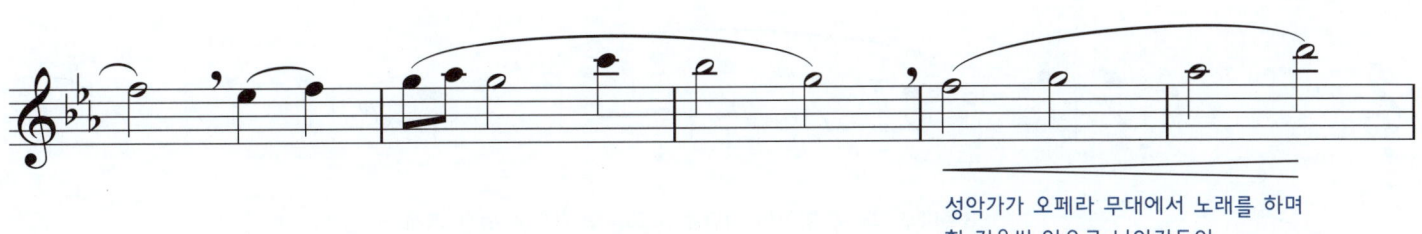

성악가가 오페라 무대에서 노래를 하며
한 걸음씩 앞으로 나아가듯이

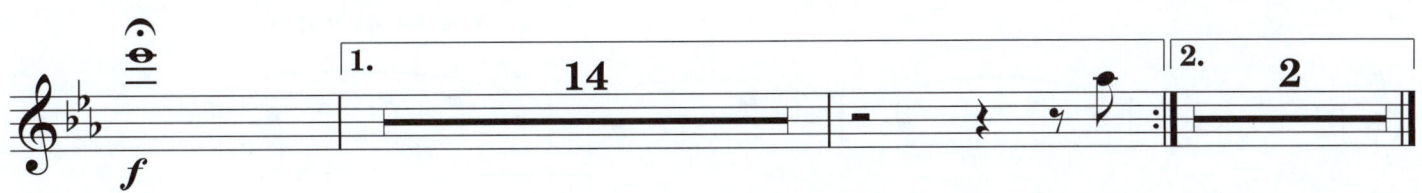

Memory

뮤지컬 '캣츠' O.S.T 중

A. L. Webber

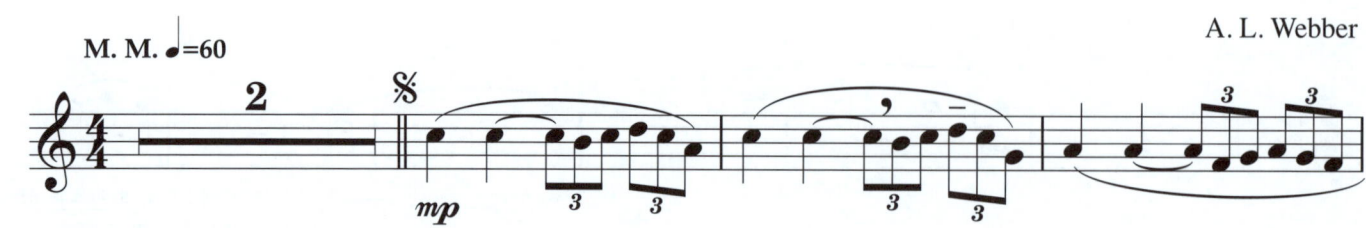

한 박 안에서 3개의 음을 꽉 채워 주세요.
특히, '레' 음을 약간 눌러주듯이 조금 더 끌어주면 곡의 느낌이 더 살아납니다.

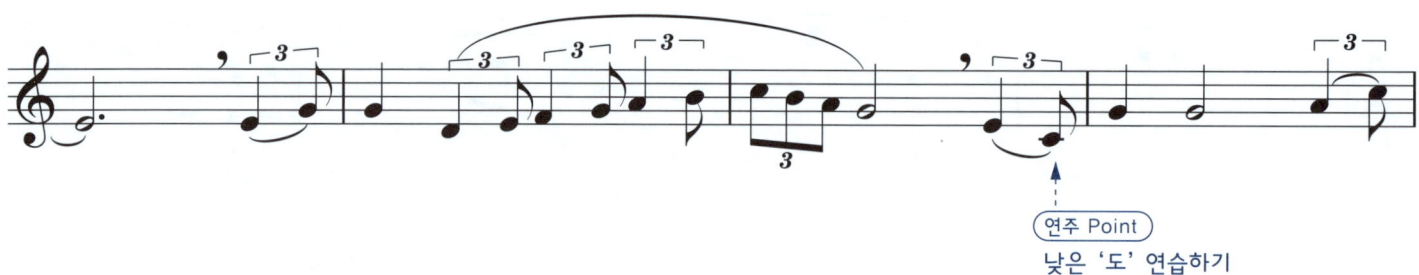

연주 Point
낮은 '도' 연습하기

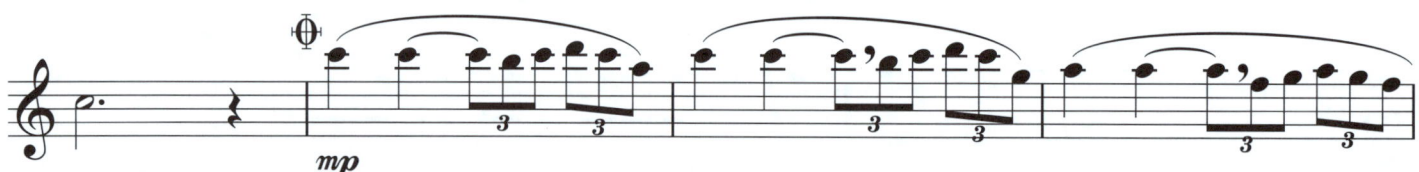

한 옥타브가 올라갔기 때문에 더 많은 바람이 필요합니다.
처음에 쉬지 않던 곳에서도 숨을 쉬어 주어 음정이 낮아지지 않도록 하세요.

3옥타브 '도'를 향하여 계단을 오르는 느낌으로 점점 크게.
'도·시·라'는 힘겹게 움직이듯이

4분음표가 계속 되므로
곡이 느려지지 않도록 주의

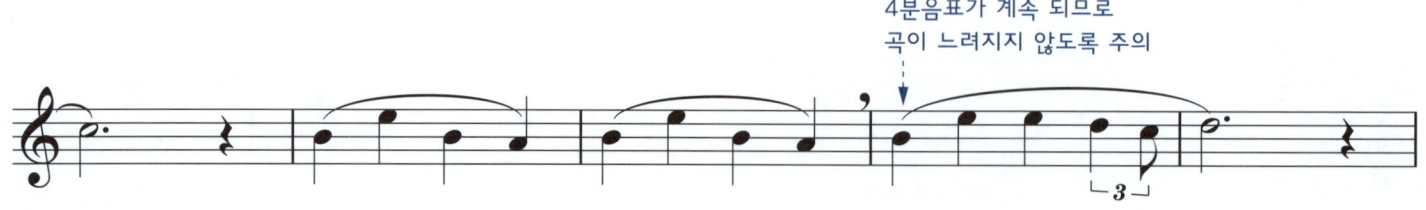

18

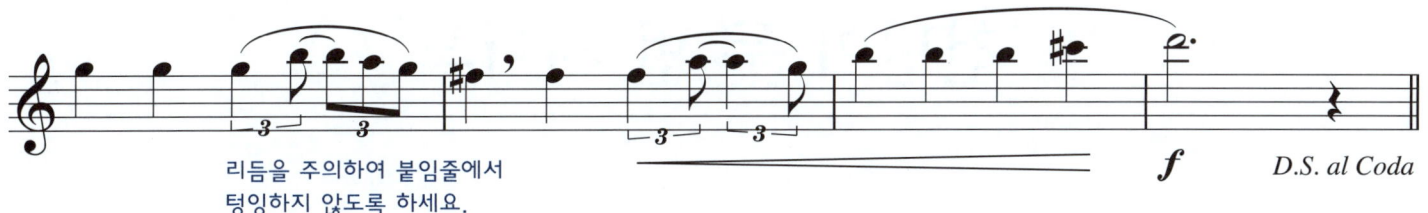

리듬을 주의하여 붙임줄에서
텅잉하지 않도록 하세요.

f　　　*D.S. al Coda*

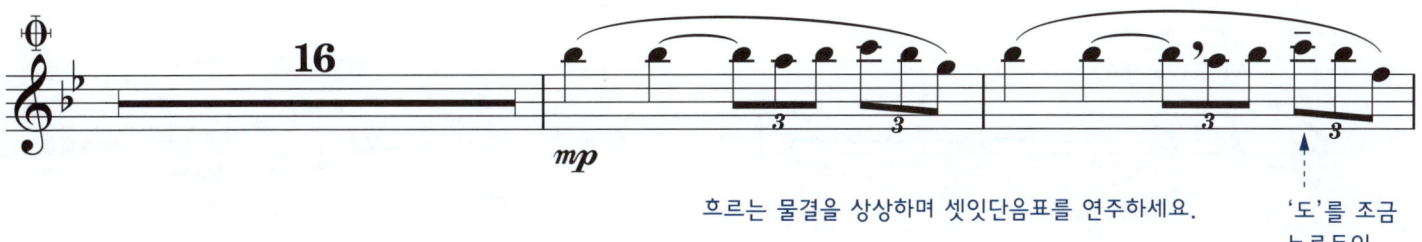

mp

흐르는 물결을 상상하며 셋잇단음표를 연주하세요.

'도'를 조금
누르듯이

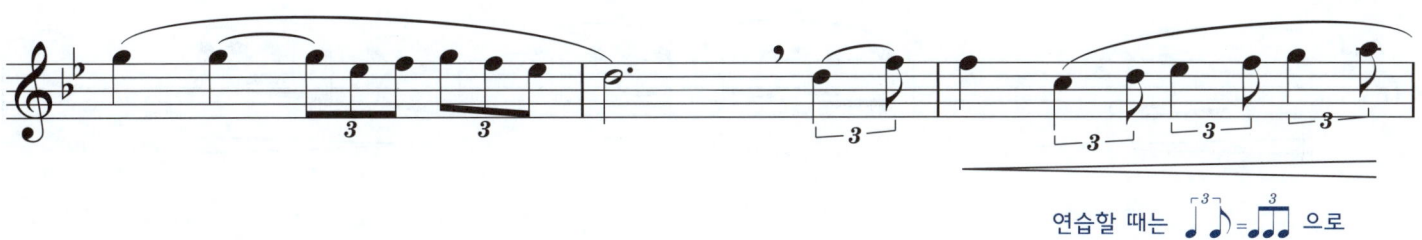

연습할 때는 ♪♪ = ♫♫ 으로

poco rit. 조금씩 느리게

연주 *Point*

낮은 '도' 연습하기

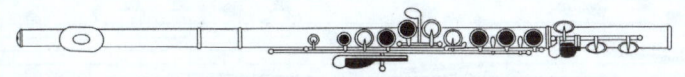

낮은 '도' 음의 소리를 잘 내려면

1. 성악가가 노래를 하듯이 '어~~' 하고 아래쪽으로 소리를 냅니다.
2. 처음부터 많은 바람으로 소리내기 보다는 휘파람을 불 듯 약한 바람으로 정확한 음정을 찾아줍니다.
3. 바람을 조금씩 늘려서 아래로 보낸다는 생각으로 저음소리를 풍부하게 표현합니다.

반주(MR)　모범 연주

천년이 두 번 지나도

조효성 작사
전종혁 작곡

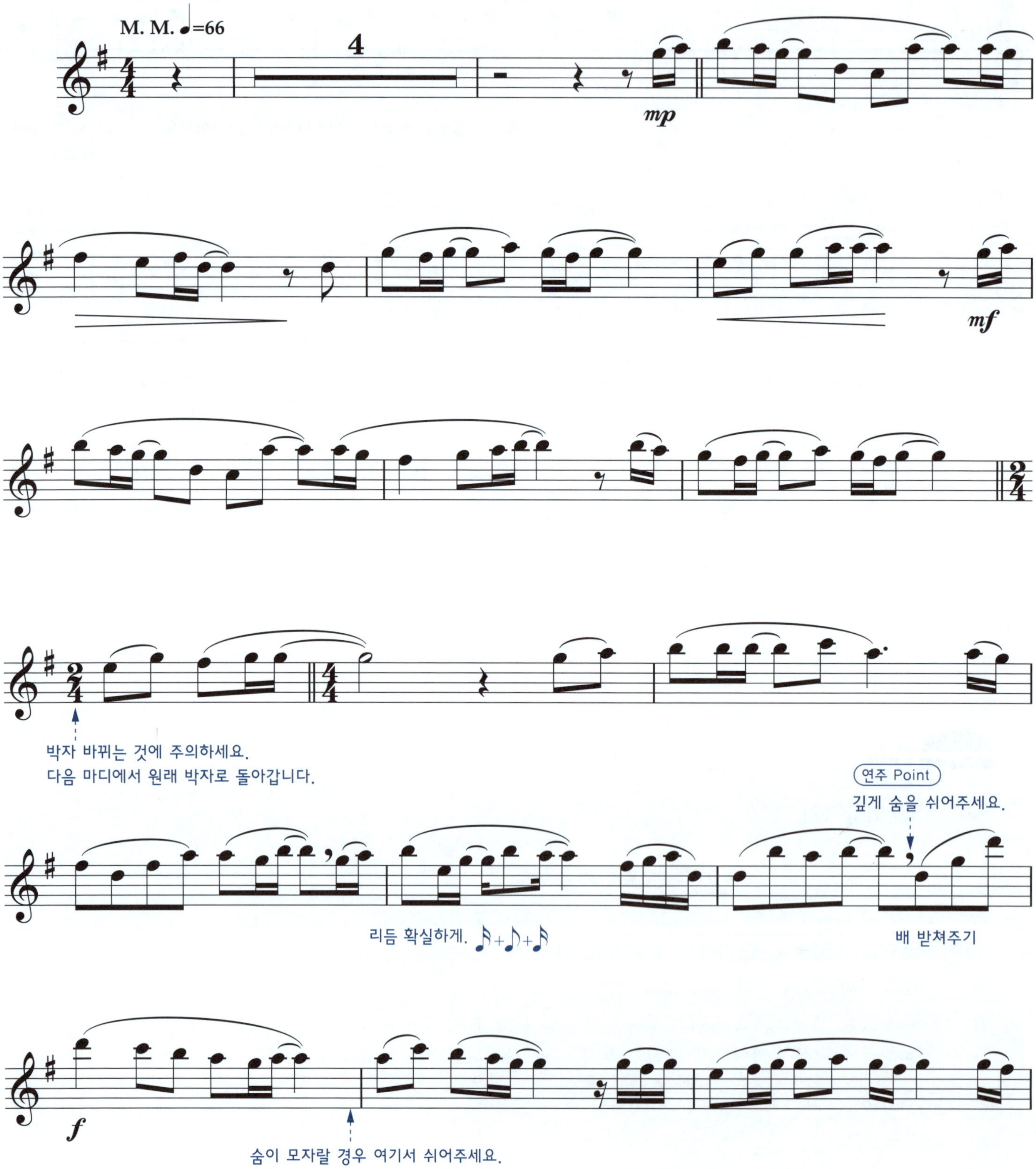

박자 바뀌는 것에 주의하세요.
다음 마디에서 원래 박자로 돌아갑니다.

연주 Point
깊게 숨을 쉬어주세요.

리듬 확실하게. ♪+♪+♪

배 받쳐주기

숨이 모자랄 경우 여기서 쉬어주세요.

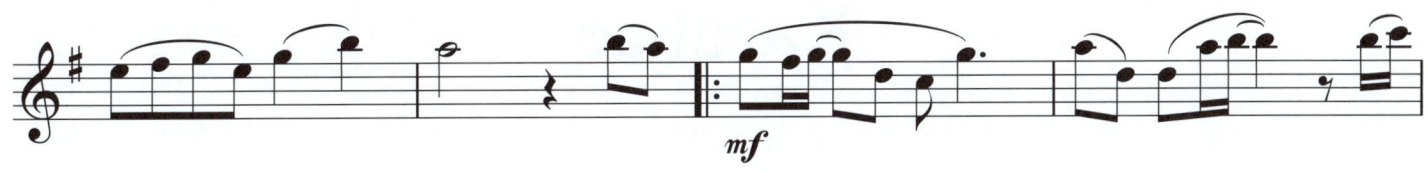

점점 진행되는 느낌으로 전진하듯이

화려한 비브라토를 이용해 고음의
아름다움을 충분히 나타내 주세요.

도돌이를 할 때 곡이 지루하지
않도록 조금 더 유연하고 부드럽게 표현하세요.

멀리서 바람소리가 들리듯이 점점작게

연주 *Point*

호흡은 플루트에서 가장 중요시 되는 요소 중 하나입니다.
아래의 연습 방법을 통해 자연스러운 호흡을 연습하도록 합니다.

① 숨 쉬는것 때문에 전 음이 짧게 연주되지 않도록 합니다.
② 쉼표가 있더라도 곡의 진행에 방해가 된다면 숨을 쉬지 않습니다.
③ 호흡이 부족해서 숨을 쉬어야 하는 경우 곡이 끊어지지 않도록 짧게 쉬어줍니다.
④ 악보를 볼 때 다음 마디를 미리 보는 습관을 길러 호흡의 양을 미리 준비하도록 합니다.

반주(MR) 모범 연주

Kazabue

Michiru Oshima

M. M. ♩=74

Orchestra

mf

legato

라♯ 운지법

decresc.

바람에 음이 얹쳐지는 느낌으로 연주하세요.

손가락의 움직임이 많은 부분이므로
한음 한음 정확하게 짚고 넘어가도록
하세요.

되도록 숨쉬지 말고

cresc.

비브라토를 사용하여 앞으로 전진하듯이 점점크게

'미' 에 테누토를 한다는 느낌으로 눌러주듯이
연주하면 어렵지 않게 고음을 낼 수 있습니다.

f

B Major에서 D Major로 전조되면서 오케스트라가 멜로디를 연주 합니다.
박자를 잘 세면서 멜로디와 자연스럽게 이어지도록 하세요.

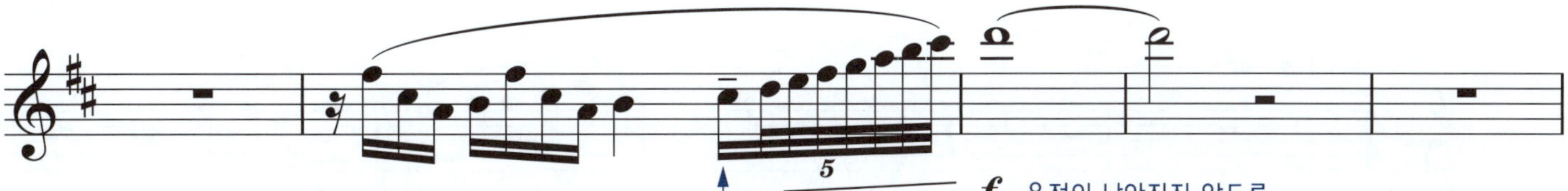

음정이 낮아지지 않도록
음이 끝날때까지 배를 받쳐주세요.

연주 Point

깨끗하게 연주될 수 있도록
호흡을 앞으로 보내주세요.

내리막길을 걷는 느낌으로

숨을 쉬다가 늦게 나오지 않도록 주의

'라♯'운지가 어려울때는
브리치알디 키를 이용한 시♭운지법을 사용

rit.

빠른 테크닉 연습방법

1. 두번째 박자 '시'를 약간 늘여주듯이 연주합니다.
2. 네번째 박자 '도'를 눌러주면서 3옥타브 '레'를 향해 도약 한다는 느낌으로 라장조(D Major) 음계를 연습합니다.

반주(MR)　　모범 연주

A Love Until The End Of Time

L. Holdridge

'라' 에 악센트 들어가지
않도록 약한 텅잉.

너무 경쾌한
부점이 되지 않도록 하세요.

연습할 때는 붙임줄 빼고 리듬 연습.

첼로가 연주하는 부분.
잘 듣고 그 선율을 그대로 옮기듯이 이어가세요.

플루트와 첼로가 대화하듯이 연주하세요.

여기부터 첼로와 듀엣

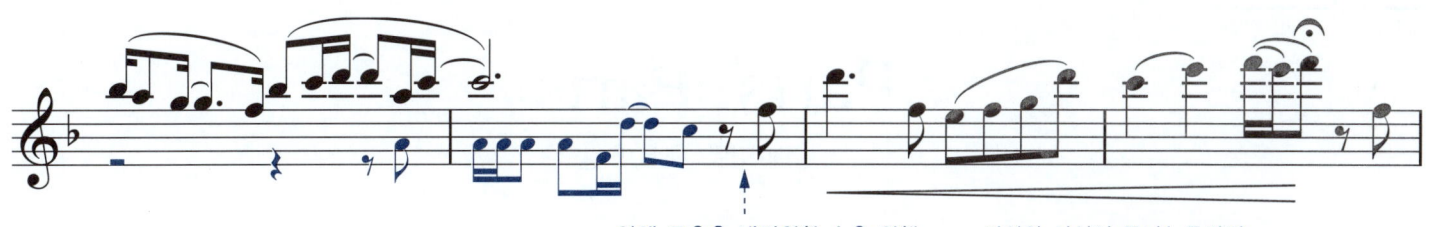

앞에 고음을 내기위한 숨을 위해
크게 숨을 들이마시세요.

자신의 시선이 끝나는곳까지
소리를 멀리 보내주는 느낌으로

살짝 들면서 부점느낌으로
연주하세요.

리듬주의

다시 첼로와 듀엣.
첼로의 음정을 잘 듣고 정확한 음정을 잡아주세요.

배를 받치지 않고 고음을 내면 음정이 높아질 수 있으므로
듀엣을 할 때는 음정에 신경을 써서 연주하세요.

Paris, Paris

'소울메이트' O.S.T 중

몽라 작곡

'솔'이 빨리 나와서 박자가
흔들리지 않도록.

부점을 최대한 살려 박자와 박자 사이가
활발하게 들리게 하되 전체적인 프레이즈가 끊기지 않도록 하세요.

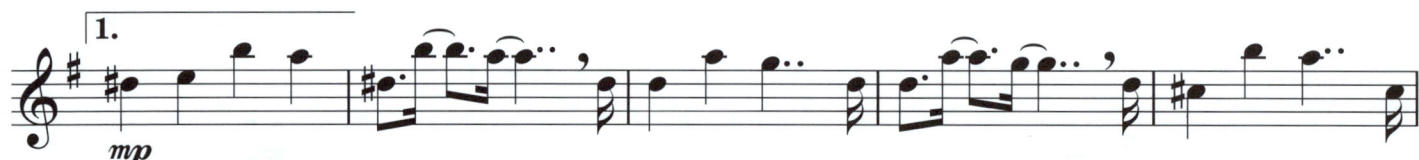

빠른 리듬이 연속으로 진행될 때는 더블 텅잉을 사용하여 혀 끝으로 투(Tu-) 쿠(Ku-)를 반복하며,
텅잉을 할 때 혀와 입술에 과도한 힘을 주지 않도록 하세요.

짧고 살아있는 텅잉으로 명랑하게 연주하세요.

심표가 있지만 곡의 진행에 방해되지
않도록 숨쉬지 말고.

여기서 숨

2박 안에 사장조 (G Major)의 한 옥타브 스케일이 그대로 들어가도록.
처음부터 글리산도를 하기 보다는 정확한 박자를 익힌 후 손가락에 힘을 빼고 스케일 연습을 하세요.

이전과는 약간 다른 리듬.
조금 더 끊어주는 텅잉을 사용하세요.

가벼운 혀차기로
경쾌한 느낌을 표현하세요.

*연주순서 : 세뇨(𝄋)로 돌아가서 To Coda까지 연주한 뒤
코다(⊕)로 건너서 연주합니다.

Paris, Paris
(Easy Version)

몽라 작곡

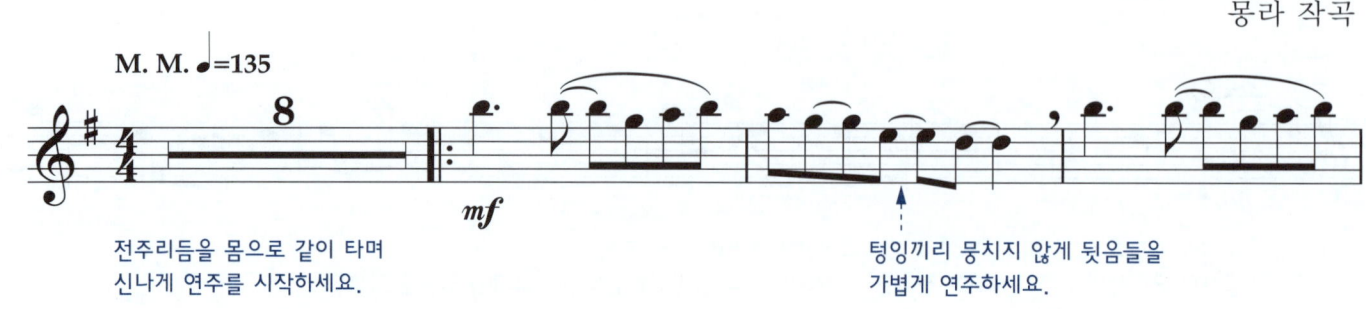

전주리듬을 몸으로 같이 타며
신나게 연주를 시작하세요.

텅잉끼리 뭉치지 않게 뒷음들을
가볍게 연주하세요.

노래하듯이 목구멍을 열어
고음을 내주세요.

임시표는 마디 안에서만 효력이 있으므로
다음 마디에는 영향을 주지 않도록 하세요.

여기서 숨

빠른 비브라토로 진행하세요.

곡의 진행에 방해되지 않도록
이곳에서는 숨을 쉬지 않습니다.

심표가 있다고 무조건 숨을 쉬게되면 곡의 흐름이 깨져버리게 됩니다.
곡이 끊어지는 느낌이 없도록 두번째 8분심표에서 숨을 쉬어주도록 하세요.

Du-(두)텅잉

템포는 유지하면서 정확한 방향성을
가지고 연주하세요.

끊어 주듯이 연주

To Coda

빠른 숨

*연주순서 : 세뇨(%)로 돌아가서 To Coda까지 연주한 뒤
코다(⊕)로 건너서 연주합니다.

D.S. al Coda

반주보

Butterfly Waltz

Brian Crain

Fly Me To The Moon

천년이 두 번 지나도

조효성 작사
전종혁 작곡

천 년

이 두번 – 지 나 도 – 변하 지 않 는건 – 당신 을 향한 – 하 나님의 –

사 랑 이 에요 - 천 년 이 두번- 지 나 도- 바꿀 수 없 는건- 당신

을 향한- 하 나 님 의 - 마 음 이 에요 - 당 신

의 삶을- 통 해 하 나 님 영 광 받 으 시 고- 우 리 가 하나- 될 때- 주 님 나라

나타내기 원해요 천년이두번지나도- 당신은하나님의사랑- 이죠

- 천년이가도 영원히

A Love Until The End Of Time

L. Holdridge

Paris, Paris

몽라 작곡

| 연주자 프로필 |

손은미 (모범 연주 플루트 연주자)
SON EUN MI

- Master Class in Flute & Recital
  2001 Tutor : Andras Adorjan
- 2002 소피아 국립 음악학교 졸업
- International Music Festival "March Musical Days" in Rousse
  2005 Tutor : Georgi Spasov
- 2006 'PANCHO VLADIGEROV' 소피아 국립음악대학교 학사졸업
- 2007 'PANCHO VLADIGEROV' 소피아 국립음악대학교 석사졸업
- Georgi Spasov , Yavor , Mila Pablova 사사

오케스트라 반주가 있는

해설 플루트 곡집 2

발 행 인   김정태
발 행 처   삼호뮤직 (http://www.samhomusic.com)
          경기도 파주시 문발로 175
          전략기획개발부   전화 1577-3588   팩스 (031) 955-3599
          콘텐츠기획개발부   전화 (031) 955-3588   팩스 (031) 955-3598
등   록   1977년 9월 10일 제 3-61호

ISBN   978-89-326-3878-2
          978-89-326-3804-1(세트)

ⓒ 삼호뮤직
이 책의 무단전재와 무단복제를 금합니다.
파본은 구입하신 곳에서 교환해 드립니다.